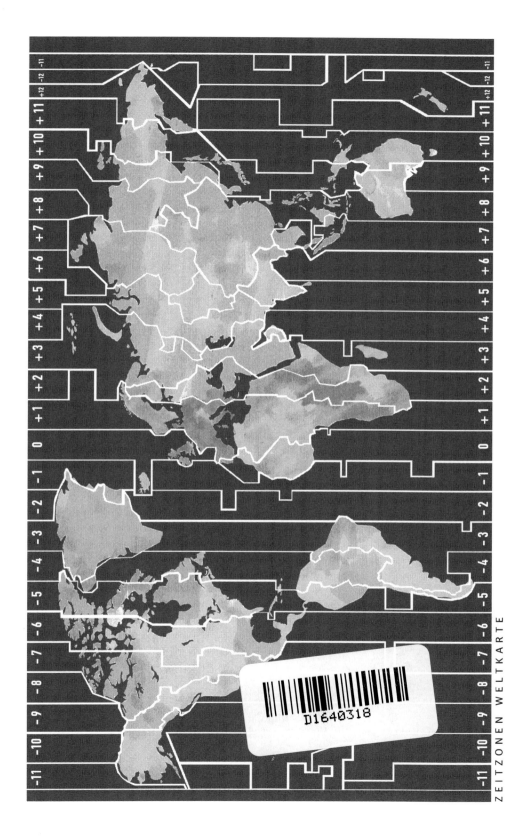

REISEZIEL(E):

WISSENSWERTES ZU REGION UND KULTUR:

PACKLISTE

VOR DER ABREISE ZU ERLEDIGEN

BUCKET-LIST

BUDGET

TOTAL: TOTAL:

ORT: DATUM:

ORT: DATUM:

ORT: DATUM:

ORT: DATUM:

ORT: DATUM:

ORT: DATUM:

ORT: DATUM:

ORT: DATUM:

ORT: DATUM:

ORT: DATUM:

ORT: DATUM:

ORT: DATUM:

ORT: DATUM:

ORT: DATUM:

ORT: DATUM:

ORT: DATUM:

ORT: DATUM:

ORT: DATUM:

ORT: DATUM:

ORT: DATUM:

ORT: DATUM:

ORT: DATUM:

ORT: DATUM:

ORT: DATUM:

O R T :   D A T U M :

ORT: DATUM:

O R T : DATUM:

ORT: DATUM:

ORT: DATUM:

ORT: DATUM:

ORT: DATUM:

ORT: DATUM:

ORT: DATUM:

ORT: DATUM:

ORT: DATUM:

ORT: DATUM:

ORT: DATUM:

ORT: DATUM:

ORT: DATUM:

ORT: DATUM:

ORT: DATUM:

ORT: DATUM:

ORT: DATUM:

ORT: DATUM:

ORT: DATUM:

O R T : D A T U M :

ORT: DATUM:

ORT: DATUM:

ORT: DATUM:

ORT: DATUM:

ORT: DATUM:

ORT: DATUM:

ORT: DATUM:

REISEZIEL(E):

WISSENSWERTES ZU REGION UND KULTUR:

PACKLISTE

VOR DER ABREISE ZU ERLEDIGEN

BUCKET-LIST

BUDGET

TOTAL: | TOTAL:

ORT: DATUM:

ORT: DATUM:

ORT: DATUM:

ORT: DATUM:

ORT: DATUM:

ORT: DATUM:

ORT: DATUM:

ORT: DATUM:

ORT: DATUM:

ORT: DATUM:

ORT: DATUM:

ORT: DATUM:

ORT: DATUM:

ORT: DATUM:

ORT: DATUM:

ORT: DATUM:

ORT: DATUM:

O R T :										D A T U M :

ORT: DATUM:

ORT: DATUM:

ORT: DATUM:

ORT: DATUM:

ORT: DATUM:

ORT: DATUM:

ORT: DATUM:

ORT: DATUM:

ORT: DATUM:

ORT: DATUM:

ORT: DATUM:

O R T :   D A T U M :

ORT: DATUM:

ORT: DATUM:

ORT: DATUM:

ORT: DATUM:

ORT: DATUM:

ORT: DATUM:

ORT: DATUM:

ORT: DATUM:

ORT: DATUM:

ORT: DATUM:

ORT: DATUM:

ORT: DATUM:

O R T : DATUM :

ORT: DATUM:

ORT: DATUM:

ORT: DATUM:

ORT: DATUM:

ORT: DATUM:

ORT: DATUM:

ORT: DATUM:

ORT: DATUM:

Printed in Germany
by Amazon Distribution
GmbH, Leipzig

31398405R00073